BEI GRIN MACHT SICH IHR WISSEN BEZAHLT

AF145643

- Wir veröffentlichen Ihre Hausarbeit, Bachelor- und Masterarbeit

- Ihr eigenes eBook und Buch - weltweit in allen wichtigen Shops

- Verdienen Sie an jedem Verkauf

Jetzt bei www.GRIN.com hochladen und kostenlos publizieren

Bibliografische Information der Deutschen Nationalbibliothek:

Die Deutsche Bibliothek verzeichnet diese Publikation in der Deutschen National-bibliografie; detaillierte bibliografische Daten sind im Internet über http://dnb.d-nb.de/ abrufbar.

Impressum:

Copyright © 2018 GRIN Verlag
Druck und Bindung: Books on Demand GmbH, Norderstedt Germany
ISBN: 9783668662940

Dieses Buch bei GRIN:

https://www.grin.com/document/416205

Annika Lynn Schwennen

Schwere Störung oder gewünschtes Eignungsmerkmal? Autismus und Lebensqualität im Kontext der Berufstätigkeit

GRIN Verlag

GRIN - Your knowledge has value

Der GRIN Verlag publiziert seit 1998 wissenschaftliche Arbeiten von Studenten, Hochschullehrern und anderen Akademikern als eBook und gedrucktes Buch. Die Verlagswebsite www.grin.com ist die ideale Plattform zur Veröffentlichung von Hausarbeiten, Abschlussarbeiten, wissenschaftlichen Aufsätzen, Dissertationen und Fachbüchern.

Besuchen Sie uns im Internet:

http://www.grin.com/

http://www.facebook.com/grincom

http://www.twitter.com/grin_com

Schwere Störung oder gewünschtes Eignungsmerkmal?
Autismus und Lebensqualität im Kontext der Berufstätigkeit

Facharbeit im Fach Pädagogik

am Heinrich-Heine-Gymnasium Bottrop

im LK1 der Q1

von Annika Lynn Schwennen

28.01.2018

Inhalt

1 Einleitung

Die vorliegende Facharbeit „Schwere Störung oder gewünschtes Eignungsmerkmal? Autismus und Lebensqualität im Kontext der Berufstätigkeit" beschäftigt sich mit dem Störungsbild der Autismus-Spektrum-Störung sowie den gesellschaftlichen Auswirkungen auf die Betroffenen. Die Autismus-Spektrum-Störung scheint in den letzten Jahren häufiger aufzutreten, wie die auf das über 1 Prozent Niveau gestiegenen Prävalenzzahlen (sowohl im Kindes- als auch im Erwachsenenalter) andeuten (vgl. DSM IV und DSM V)[1]. Die mit dieser Störung verbundenen negativen Auswirkungen auf die betroffene Person sowie die pessimistischen Therapieaussichten zeichnen oft ein trauriges Bild. Diese Arbeit soll ein wenig Licht in eine Thematik bringen, die durchaus auch positive Nebeneffekte mit sich bringt. Die Betrachtung dieser Nebeneffekte soll denjenigen, die unter dieser Störung leiden, Hoffnung bringen und Mut machen gegen alle mit der Störung verbundenen Unannehmlichkeiten anzukämpfen.

Die Beschreibung der Symptome einer Autismus-Spektrum-Störung machen schnell deutlich, dass betroffene Personen im Erleben und Verhalten stark eingeschränkt sind. Diese Einschränkungen können leider häufig zu zwischenmenschlichen „Missverständnissen" führen und sind für eine erfolgreiche berufliche Laufbahn oftmals sehr hinderlich – vor allen Dingen, wenn nicht bekannt ist, dass das Gegenüber unter der Autismus-Spektrum-Störung leidet. In den vergangenen Jahren „irrten" aber immer mal wieder Berichte durch die Presse, die Grund zur Hoffnung gaben: in bestimmten Jobs konnten Autisten erfolgreiche Arbeitsergebnisse liefern und wurden in Stellenanzeigen sogar explizit gesucht. Die vorliegende Arbeit beschäftigt sich daher mit den aktuellen Chancen von Personen mit einer Autismus-Spektrum-Störung in der Berufswelt und versucht die Frage zu beantworten, ob die Symptome der Störung per se nur negative Folgen für den Beruf haben oder ob sie zumindest in Nischenbereichen der Berufswelt einen kleinen Vorteil oder zumindest keinen Nachteil bringen.

Ausgehend von der Beschreibung des Störungsbildes wird sich der erste Teil dieser Facharbeit mit Diagnosekriterien, Auftretenswahrscheinlichkeiten und Therapie der Autismus-Spektrum-Störung beschäftigen. Im Hauptteil wird der Zusammenhang zwischen Autismus, Lebensqualität und Berufstätigkeit dargestellt. Lebensqualität, spezifische Begabungen und mögliche berufliche Chancen bilden den Kern der inhaltlichen

---

[1] Falkai, Peter / Wittchen, Hans-Ulrich (2015): Diagnostisches und Statistisches Manual Psychischer Störungen DSM-5. Göttingen: Hogrefe, S. 71

Auseinandersetzung. Zum Schluss folgt ein Resümee, indem die beruflichen Chancen von Personen mit einer Autismus-Spektrum-Störung diskutiert und realistisch eingeschätzt werden. Grundlage dazu bilden sowohl Literatur als auch ein Interview, dass mit dem Autismuszentrum Bottrop geführt wurde.

2 Das Störungsbild

Die Beschreibung des Störungsbildes setzt sich aus Störungsbild, Diagnosekriterien, Auftretenswahrscheinlichkeit, Ursachen und Therapie zusammen. Abbildung 1 gibt einen ersten Eindruck auf die Besonderheiten von Menschen mit einer Autismus-Spektrum-Störung.

Abbildung 1: Dinge die bei ASS „anders" sind[2].

2.1 Beschreibung des Störungsbildes

Die kennzeichnenden Merkmale der Autismus-Spektrum-Störung, die auch diagnose-relevant sind, beziehen sich im Kern auf Beeinträchtigungen in der sozialen Interaktion und Kommunikation sowie sich wiederholende, immer ähnliche Verhaltensweisen. Betroffene verstehen meistens nicht, was „zwischen den Zeilen" gesprochen wird und

---

[2] http://www.bischof-wittmann-schule.de/projekte/angebote_foerderung_autismus-Dateien/

weisen auch in der Sprachentwicklung beeinträchtigende Entwicklungsstörungen auf. Außerdem haben sie eine eingeschränkte soziale Vorstellungskraft und können somit zum Beispiel nicht wissen was Person XY als nächstes tun könnte. Die Autismus-Spektrum-Störung wird auch häufig als krankhafte Kontaktunfähigkeit beschrieben, da die Betroffenen durch die mangelnden sozialen Kompetenzen nur bedingt Beziehungen eingehen können. Ihnen fehlt es außerdem an Empathie und sie weisen häufig eine egozentrische Wahrnehmung auf.[3] Ein Konfliktpunkt ist die Unfähigkeit emotionale Signale, wie zum Beispiel Ironie, zu verstehen oder anzuwenden. Vor allem ist es für Kinder schwer zu verstehen warum sie „anders" sind, nur weil sie sich (aus ihrer Sicht) im Gegensatz zu anderen Kindern richtig verhalten und sich immer streng an die Regeln halten. Ein weiteres Hindernis ist die Sprache, da viele Autisten keine Unter-scheidungen in der Wortwahl, Lautstärke oder Betonung machen. Außerdem hat es schnell den Anschein, dass sie einen eigenen Plan verfolgen. Auf sozialer Ebene erschwert es das Miteinander: die Wortwahl ist häufig kurz, knapp und sehr sachlich – dies wird schnell als ausschließliche Betrachtung eigener Interessen interpretiert, was in vielen Fällen sogar den Tatsachen entspricht.

2.2 Kriterien für die Diagnose

Seit Veröffentlichung des DSM 5 im Jahre 2013 werden alle autistischen Störungen mit der Bezeichnung „Autismus-Spektrum-Störung" unter dem Oberbegriff „Störungen neuronaler und mentaler Entwicklung" geführt. Unterschiedliche Autis-musarten wurden zusammengefasst, aber in den einzelnen Kategorien deutlich ausführlicher beschrieben und klassifiziert. Bevor eine Diagnose gestellt wird, müssen die Kriterien überprüft werden und erst wenn alle zutreffen, darf von einer Autismus-Spektrum-Störung (ASS) gesprochen werden.[4]

Die Hauptkriterien umfassen zum einen Interaktions- und Kommunikationsstörungen, ein weiteres Kriterium ist repetitives und stereotypes Verhalten sowie der Entwicklungsaspekt der Person. Ausschlaggebend ist zusätzlich der Schweregrad und das Ausmaß des Unterstützungsbedarfs und außerdem die Nichtklärbarkeit durch andere Störungen. Die Unterscheidung nach Schweregrad beschreibt gut, in welcher Form Personen mit ASS leiden (s. Tabelle 1).

---

[3] Dodd, Susan (2007): Autismus. Heidelberg: Spektrum akademischer Verlag. S. 2
[4] Falkai & Wittchen (2015): S. 64

Tabelle 1: Schwergradbestimmung anhand der sozialen Kommunikation und Verhaltensweisen. [5]

Schweregrad	Soziale Kommunikation	Restriktive, repetitive Verhaltensweisen
Schweregrad 3 „Sehr Umfangreiche Unterstützung Erforderlich"	Starke Einschränkungen der verbalen und non-verbalen sozialen Kommunikationsfähigkeit. Folge: schwerwiegende funktionelle Beeinträchtigungen, sehr begrenzte sozialer Interaktionen und eine minimale Reaktion auf soziale Angebote. Sehr wenig Worte in verständlicher Sprache, seltener Beginn einer Interaktionen, Reaktion nur auf direkte Kontaktaufnahme.	Unflexibilität des Verhaltens, extreme Schwierigkeiten im Umgang mit Veränderungen oder andere restriktive/repetitive Verhaltensweisen mit ausgeprägter Funktionsbeeinträchtigung in allen Bereichen. Zeigt großes Unbehagen bzw. hat große Schwierigkeiten, den Fokus oder die Handlung zu verändern.
Schweregrad 2 „Umfangreiche Unterstützung Erforderlich"	Ausgeprägte Einschränkungen der verbalen und nonverbalen sozialen Kommunikationsfähigkeit. Die sozialen Beeinträchtigungen sind auch mit Unterstützung anderer deutlich erkennbar, abnormale Reaktionen auf soziale Angebote von anderen. Die Person spricht in einfachen Sätzen und verfügt über eigenartige nonverbale Mitteilungsmechanismen.	Unflexibilität des Verhaltens, extreme Schwierigkeiten im Umgang mit Veränderungen. Auch dem ungeschulten Beobachter fallen sich wiederholende, nicht „passende" Verhaltensweisen auf. Beeinträchtigung des Funktionsniveaus in einer Vielzahl von Kontexten. Zeigt Unbehagen und/ oder hat Schwierigkeiten, den Fokus oder die Handlung zu verändern.
Schweregrad 1 „Unterstützung Erforderlich"	Die Einschränkungen in der sozialen Kommunikation verursachen ohne Unterstützung bemerkbare Beeinträchtigungen. Schwierigkeiten bei der Initiierung sozialer Interaktionen sowie einzelne deutliche Beispiele von unüblichen oder erfolglosen Reaktionen auf soziale Kontaktangebote anderer. Scheinbar vermindertes Interesse an sozialen Interaktionen. Die Person ist z.B. in der Lage, in ganzen Sätzen zu sprechen und sich jemandem mitzuteilen, aber ihre Versuche zu wechselseitiger Kommunikationen misslingen, ihre Bemühungen, Freundschaften zu schließen wirken merkwürdig und sind in der Regel erfolglos.	Unflexibilität des Verhaltens führt zu deutlichen Funktionsbeeinträchtigungen in einem oder mehreren Bereichen. Schwierigkeiten, zwischen Aktivitäten zu wechseln. Probleme in der Organisation und Planung beeinträchtigen die Selbstständigkeit.

2.3 Auftretenshäufigkeit von ASS

Die Autismus-Spektrum-Störung gilt nicht mehr als seltene Störung. Sie wird bei Männern viermal häufiger diagnostiziert als bei Frauen. Studien zufolge leiden 1,16 Prozent der Menschen unter der Autismus-Spektrum-Störung.

---

[5] Falkai & Wittchen (2015): S. 67

2.4 Ursachen autistischer Störungen

Vielen Hypothesen zufolge stellt die Autismus-Spektrum-Störung das Resultat vieler verschiedener Faktoren dar. Einer der bedeutendsten Faktoren ist hierbei die genetische Abstammung. Nicht nur ähnliche Vorerkrankungen spielen hierbei eine Rolle, sondern auch andere Krankheiten wie zum Beispiel Diabetes erhöhen das Risiko. Auch Medikamente, wie beispielsweise Valporat, welches Mütter bei einer Epilepsie eingenommen haben, können das Risiko erhöhen.

Grundsätzlich unterscheidet man zwischen einer seit der Geburt vorliegenden Störung und einer, welche sich erst aus verschiedenen Lernerfahrungen in der Lebensgeschichte entwickelt hat. Dies macht deutlich, dass angenommen wird, das ASS sowohl genetisch, als auch umweltbezogene Ursachen haben kann. Dies ist vor allem bei der Therapie von großer Bedeutung. Einen weiteren Faktor bildet der Ablauf der Geburt, denn Komplikationen in der Schwangerschaft und bei der Geburt sind eine weitere mögliche Ursache. Wenn ein Kind beispielsweise zu früh oder mit einem zu geringen Gewicht das Licht der Welt erblickt hat, liegt ein höheres Risiko für ASS vor. Ein weiterer Aspekt ist das Alter der Eltern, denn je weiter das Alter der Eltern zur Zeit der Schwangerschaft fortgeschritten ist, desto höher ist auch die Wahrscheinlichkeit ein an Autismus leidendes Kind zu gebären. Insgesamt sind die Ursachen für die Autismus-Spektrum-Störung nicht endgültig und lückenlos geklärt.[6]

2.5 Therapie bei ASS

Zunächst ist es wichtig sich vor Augen zu führen, dass eine vollständige Therapie der Störung nicht möglich ist. Dies ist auch in keinem Fall das Ziel einer Therapie. Denn das Ziel wird immer an die zu therapierende Person individuell angepasst. Zwischenziele lassen sich jedoch in einzelne Kategorien einteilen. Ein weit verbreitetes und häufig auftretendes Ziel ist der Wunsch nach Hilfe in Bezug auf Stress. Hierbei ist zu bedenken, dass autistische Personen Situationen, die auf den ersten Blick alltäglich erscheinen, für Betroffene mit viel Stress verbunden sein können. Denn sie stellen eine Abweichung (auch wenn sie für Außenstehende minimal erscheinen) vom Gewohnten dar und alles Ungewohnte beinhaltet für Autisten Unbehagen bis hin zu starkem Stress. Außerdem wünschen sich viele eine höhere soziale Kompetenz, wodurch sowohl der

---

[6] Vogeley, Kai (2016): Anders sein, Autismus-Spektrum-Störung im Erwachsenenalter-Ein Ratgeber. 2. Aufl. Weinheim: Beltz, S. 151

Alltag, als auch der Berufstag erleichtert werden soll. Diese sind zum Beispiel Team- oder Kritikfähigkeit.

Die Therapie ist außerdem ein Weg, um zu sich selbst zu finden, sich mit persönlichen Stärken aber auch Schwächen auseinander zu setzen, um sich selbst – so wie man ist - zu akzeptieren. Ein weiteres Ziel kann aber auch das Erlernen der Fähigkeit sein, Beziehungen und Freundschaften zu knüpfen oder zu pflegen. Da Depressionen eine häufige Begleiterkrankung sind, wird versucht, diese zusätzlich zu therapieren. Bei der Therapie wird ohnehin die Auseinandersetzung mit den eigenen Emotionen erlernt – mit ihnen umzugehen und diese mitzuteilen. Die zuvor genannten Ziele sind hauptsächlich Inhalt der Psychotherapie. Dabei wird in Gruppen- und Einzeltherapie unterschieden. Grundsätzlich gilt bei Personen mit ASS die Bevorzugung einer Gruppentherapie. Der Grund dafür liegt offensichtlich auf der Hand, denn dadurch, dass sie erhebliche Probleme in sozialer Kommunikation aufweisen, können diese direkt angegangen und trainiert werden. Der Vorteil einer Einzeltherapie besteht jedoch darin, dass auf die Bedürfnisse des Einzelnen besser eingegangen werden kann. Dies ist immer abzuwägen. Die Grundvoraussetzung für eine erfolgreiche Therapie ist jedoch in jedem Fall ein gutes Verhältnis zwischen Therapeut und Klienten, es sollte ein „dickes Band" entstehen (s. auch Abbildungen im Anhang zur räumlichen Gestaltung des Autismus- zentrum Bottop). Hierbei könnte es von Vorteil sein, wenn der Therapeut auch von seinem Privatleben erzählt aber auch von dessen Problemen, damit der Klient weiß, dass er nicht der Einzige ist, der mit Hindernissen im Alltag zu kämpfen hat.[7,8]

3 Der Zusammenhang zwischen Autismus, Lebensqualität und Berufstätigkeit

Das Streben nach Zufriedenheit, Sicherheit, Erfolg und Selbstverwirklichung stellen wichtige Güter sowohl im Privaten wie auch im Beruf dar. Die Frage nach der erlebten Lebensqualität besitzt eine längere Forschungstradition in der ASS-Auseinandersetzung – im Gegensatz zu der Beschäftigung mit der Frage des beruflichen Erfolgs von Personen mit ASS. Im Folgenden werden diese Zusammenhänge genauer betrachtet.

---

[7] Vogeley (2016): S.179
[8] Schulz, Bernd (07.02.2018) Interview im AZB

3.1 Lebensqualität bei ASS

Die Lebensqualität eines an ASS leidenden Menschen wird häufig unterschätzt, auch von ihm selbst. Deswegen ist es wichtig, schon früh einen Therapeuten aufzusuchen und die Lebensqualität auch mit der Diagnose ASS neu definieren zu können, um mögliche Folgen, wie zum Beispiel Depressionen oder Angststörungen zu vermeiden. Zunächst sollte man darauf achten, in Gegenwart eines Autisten das Wort Krankheit zu vermeiden, vor allem bei kleineren Kindern oder Jugendlichen. Sie besitzen einfach andere Fähigkeiten, als die anderen 99% der Menschen. Eine erst spät gestellte Diagnose kann Probleme, welche in der Vergangenheit aufgetreten sind, erklären, jedoch kann es zu spät sein, da erhebliche Beeinträchtigungen in der Lebensqualität bereits stattgefunden haben, wie zum Beispiel ein Scheitern im Beruf.[9]

Die Voraussetzung einer hohen Lebensqualität mit ASS besteht größtenteils in der Aufklärung der Mitmenschen, damit diese in der Lage sind, die Perspektive eines Autisten zu verstehen und richtig zu handeln. Beispielhaft für diese Aufklärung können Informationsveranstaltungen in Schule oder auch Kindergarten sein, welche von Fachpersonal durchgeführt werden, um ein verständnisvolles Umfeld zu schaffen. Es ist auch wichtig, dass die Familie eine große Kompromissbereitschaft besitzt, um stressige und unangenehme Situationen zu vermeiden. Eine andere Möglichkeit ein angenehmes Umfeld zu schaffen, geht von der betroffenen Person selbst aus, indem sie Erklärungen für Verhaltensweisen nicht bei anderen sucht und es diesen auch offen mitteilt, sondern versucht, sich selbst und seine Gefühle mitzuteilen.[10]

3.2 Berufschancen bei ASS

Für Personen die unter ASS leiden ist es möglich jede Art von Schulabschluss zu erlangen, somit auch das Abitur oder auch ein Studium, wodurch sich viele Berufschancen eröffnen. Die Möglichkeit so gut wie jeden Beruf ergreifen zu können, bedeutet jedoch nicht, diesen Beruf auch erfolgreich auszuüben. Die Symptome der ASS bringen Hindernisse in unterschiedlichen, für viele Berufe aber sehr wichtigen Aspekten: a) Zwischenmenschliche Aspekte (Kollegen, Vorgesetzte), b) Kundenbeziehungen, c) Organisation und d) Arbeitsbelastung.[11]

---

[9] Schulz, Bernd (07.02.2018) Interview im AZB
[10] Schulz, Bernd (07.02.2018) Interview im AZB
[11] Proft, Julia / Schoofs, Theresa / Krämer, Katharina / Vogeley, Kai (2017): Autismus im Beruf, Coaching-Manual. Weinheim: PVU. S. 23-27

In Bezug auf die zwischenmenschlichen Aspekte lässt sich zusammenfassen, dass durch die mangelnde Fähigkeit Emotionen anderer zu erkennen sowie eine fehlende Empathiefähigkeit und Fähigkeit zur Perspektivenübernahme die Kommunikation mit Vorgesetzten oder mit Kollegen zur großen Herausforderung wird. Denn es können enorme Missverständnisse auftreten, da die Signale der non-verbalen Kommunikation, die von anderen unbewusst als Selbstverständlichkeit angesehen wird, nicht verstanden werden. Dieses Problem wird auch durch eine „doppelte Unsichtbarkeit" beschrieben, da es in den meisten Fällen nicht von außen ersichtlich ist, dass ein Mensch unter ASS leidet. Andererseits erkennt dieser Mensch soziale Signale nicht. Treffen also eine autistische und eine nichtautistische Person aufeinander, so weiß die eine nicht von der Beeinträchtigung der anderen und geht davon aus, dass sie auch die non-verbale Kommunikation versteht, wobei die autistische Person nicht weiß, dass sie die andere nicht vollständig versteht.

Die zuvor genannten Hindernisse führen zu vergleichbaren Problemen im beruflichen Kundenkontakt. Darüber hinaus kommt es zu Schwierigkeiten in der Einhaltung gesellschaftlicher Konventionen, wie beispielsweise Begrüßungen oder Ausredenlassen des Gegenübers. Dieser Nichteinhalt wird dann als Unfreundlichkeit empfunden und mangelnder Kundenorientierung zugeschrieben. Hier kann es dann schnell passieren, dass ein Kunde verloren geht oder sich zumindest über die „schlechte Behandlung" beschwert.

In der Organisation der Arbeitsabläufe besteht ein Problem in der meistens nicht vorhandenen Selbstständigkeit. Einzelne Arbeitsschritte sind schwer eigenständig zu koordinieren und auch der selbstständige Beginn eines Arbeitsschrittes ist erschwert und oft gar unmöglich. Aufgrund der Tatsache, dass Betroffene sich häufig auf einzelne Details sehr stark fokussieren, kann es schwerfallen, Zusammenhänge zwischen einzelnen Aspekten oder Arbeitsschritten und einem übergreifenden Ziel zu erkennen. Schließlich ist auch die Zeiteinteilung ein wichtiger, jedoch problematischer Aspekt. Die Ursache dafür ist eine abweichende Zeitwahrnehmung gegenüber der Realität. Deswegen sind feste Zeitpläne, welche auch Pausen enthalten sollten und bestenfalls Erinnerungen an diese, besonders wichtig. Hilfreich hierbei kann es sein, wenn Vorgesetze oder Mitarbeiter Arbeitsaufträge mit festen Zeitspannen vorgeben.[12]

---

[12] Proft, Julia / Schoofs, Theresa / Krämer, Katharina / Vogeley, Kai (2017): S. 23-27

Hinsichtlich des Erlebens beruflicher Arbeitssituationen zeigen Personen mit ASS spezifische Arbeitsbelastungsempfindungen, die Personen ohne diese Störung nicht empfinden. So folgen aus der Über- und Unterempfindlichkeit auf verschiedene Sinnesreize Belastungssituationen, die ein „normales" Arbeiten in bestimmten Situationen erschwert oder unmöglich macht. Zum Beispiel kann das Surren eines elektrischen Geräts als unangenehm empfunden werden oder zu Stress führen. Zusätzlich können Helligkeit oder bestimmte Gerüche negative beziehungsweise störende Auswirkungen auf die Betroffenen haben und darin resultieren, dass sie die Situation verlassen. So wird aus einem Großraumbüro, wie es in vielen Konzernen verbreitet ist, schnell eine Folterkammer für Menschen mit ASS.[13]

Trotz dieser zahlreichen Einschränkungen lassen sich auch positive Beispiele finden, die mehr als nur eine Hoffnung auf reelle Berufschancen von Personen mit ASS sind. In der jungen Vergangenheit wurde mehr und mehr über erfolgreiche Berufsprojekte berichtet und der Arbeitsmarkt scheint Nischen zu bieten, in denen sich ASS Betroffene sehr gut zurechtfinden, wie zum Beispiel in der IT-Branche.

3.3 Autismus in der IT Branche- eine Chance?

Im Vordergrund der Autismus-Spektrum-Störung steht die Ich-Bezogenheit der darunter leidenden Menschen. Daraus ergibt sich, dass Berufe, welche keine oder nur geringe Kommunikation mit anderen erfordern, für die Betroffenen eine Chance im Bezug auf ihre berufliche Laufbahn seien können. Ein Beispiel dafür ist ein Beruf in der IT Branche. Denn Aufgaben wie Computer zu programmieren können bei vorhandenem Interesse durchaus zu Erfolg führen. Dieser Erfolg lässt sich auf zwei Ebenen betrachten. Zum einen erlebt der Autist den Erfolg aus der Fertigstellung einer Programmierung – er meistert seine Aufgabe erfolgreich. Darüber hinaus hat diese Aufgabe einen Wert, da er in seinem Unternehmen einen Beitrag leistet und dafür sogar entlohnt wird. Beides hat einen starken positiven Effekt auf das Selbstwertgefühl.

Offensichtlich stellt ein klassisches Bewerbungsgespräch für Autisten eine große Hürde dar, welche jedoch häufig in der IT Branche (zufällig) umgangen wird. Denn in vielen IT Firmen gehört es zum „guten Ton" auch neue Wege bei der Einstellung von neuen Mitarbeitern zu gehen. Anstatt eines klassischen Bewerbungsgespräches kommt es zum Beispiel zu einem Einsatz eines Roboters. Dieser gibt Informationen und holt auch diese

---

[13] Proft, Julia / Schoofs, Theresa / Krämer, Katharina / Vogeley, Kai (2017): S.26

vom Bewerber ein – die hinderlichen Symptome eines Autisten bleiben in dieser Situation unentdeckt bzw. sind nicht von großem Interesse.

Bei der Programmierung, wie auch bei dem Umgang mit Robotern (und der Kombination von beidem) kommen Fähigkeiten von Autisten besonders gut zur Geltung und können zugleich optimal genutzt werden: die sprachlich kurze, konkrete und zielgerichtete Ausdrucksweise stellt eine wesentliche Komponente in der IT-Arbeitswelt dar. Dazu kommt, dass es bei Autisten häufig der Fall ist, dass sie sich sehr lange auf eine bestimmte Aufgabe oder Sache fixieren können und dabei eine hohe Einsatzbereitschaft zeigen. Dies ist für viele Berufe vorteilhaft, jedoch in der IT-Branche, in der sehr kleinteilig Probleme analysiert werden müssen, essentiell.

Ein weiter Vorteil besteht in der Zuverlässigkeit und Ehrlichkeit der Betroffenen, da der Arbeitgeber dadurch nicht an falsche oder „optimierte" Informationen gelangt. Dies wurde beispielsweise von IBM erkannt und sehr geschätzt – daher wurden von diesem Unternehmen extra Ausschreibungen, die Autisten ansprechen sollten, veröffentlicht. Weitere vorteilhafte, von Firmen positiv bewertete Eigenschaften beziehen sich auf die Einhaltung von Regeln – Autisten halten sich stets sehr streng an sie.[14]

Weitere positive Aspekte sind das ausgeprägte Langzeitgedächtnis - viele Informationen können auch nach langer Zeit noch abgerufen werden und eine starke visuelle Vorstellungskraft – hier sind Personen mit ASS anderen Bewerben weit überlegen – für die 3D Programmierung ein weiterer, wichtiger Pluspunkt.

Die beschriebenen positiven Aspekte eröffnen Autisten vielversprechende Chancen in der IT-Branche. Viele mit der Störung verbundenen „Eigenarten" gelten in der IT Branche eher als Auswahlkriterien für einen erfolgreichen Mitarbeiter.

4 ASS - eine Störung mit vielen beeinträchtigenden Facetten, aber auch jeder Menge Grund zum Optimismus

Die Autismus-Spektrum-Störung ist in vielerlei Hinsicht eine Beeinträchtigung. Betrachtet man das Störungsbild und die diagnostischen Kriterien, wird schnell deutlich, dass Menschen mit ASS leiden: je nach Schwergerad leiden sie an deutlichen Funktionsbeeinträchtigungen und benötigen sehr umfangreiche Unterstützung. Am gesellschaftlichen Leben können sie häufig nur eingeschränkt teilnehmen und ihre Lebensqualität ist niedrig. Da eine vollständige Therapie nicht als realisierbar gilt, wird

---

[14] https://www.ibm.com/de-de/blogs/think/2017/12/05/menschen-mit-autismus-in-der-it/

vielmehr auf die Akzeptanz der Störung als Teil eines wertvollen Selbst hingearbeitet. Dabei wird versucht, das eigene Erleben und die Funktionstüchtigkeit in Lebensteilbereiche herzustellen.

Eines der größten Hindernisse stellt hierbei die Sozialisation dar. Denn durch die massiven Einschränkungen sind ASS-Betroffene häufig nicht vollständig in die Gesellschaft integriert. Dies ist darauf zurückzuführen, dass sie einfach anders sind, als die anderen 99% der Menschen. Es fällt ihnen schwer, sich an die sozialen Regeln zu halten, wodurch schnell Konflikte entstehen. Außerdem sind sie nicht in der Lage, alle Rollenerwartungen zu erfüllen, sowie die Soll- und Kann-Erwartungen.

Zur gesellschaftlichen Integration gehört auch der berufliche Erfolg. Auch wenn Autisten grundsätzlich die schulischen und akademischen Vorrausetzung für die Ergreifung eines Berufs erfüllen können, sind ihre Berufschancen aufgrund problematischer zwischenmenschlicher Aspekte, Einschränkungen im Kundenkontakt, begrenzter Selbstorganisation und spezieller Arbeitsbelastungen als eher schlecht einzustufen. Diese negative Einschätzung scheint jedoch in den letzten Jahren eine Veränderung zu erfahren: Spezifische Berufe benötigen spezifische Anforderungen und durch die Ausdifferenzierung bestimmter Eignungsprofile für „Spezialistenjobs" kamen Merkmale der ASS in das Visier der Personalgewinner in IT-Unternehmen. Bekannte Firmen wie SAP[15], Specialistern oder Auticon haben erkannt, dass Autisten zu dem Anforderungsprofil ihrer angebotenen Jobs passen. Teilweise wird sogar spezifisch nach Autisten (mit hohem Interesse an Technik, Mathematik oder Physik) gesucht (s. Abbildung 2).

Abbildung 2: Anzeige zur Rekrutierung von Bewerbern bei Auticon[16]

---

[15] https://news.sap.com/germany/autismus-bei-sap/
[16] http://auticon.de/

Merkmale wie Detailgenauigkeit, Ehrlichkeit, Qualitätsbewusstsein und Muster-erkennung sind in vielen Berufen der IT Branche sehr vorteilhaft für die Erfüllung der Arbeitsaufgaben. Da mittlerweile zahlreiche positive Erfahrungen vorliegen, gehen die IT-Unternehmen sehr offen und positiv mit dem Thema um (vgl. auch Anhang, Abbildung 11). Natürlich sind gewisse Bedingungen nötig, um ein passendes Arbeits-umfeld zu schaffen, dies ist jedoch möglich und durchaus ertragreich – sonst würde ein wirtschaftlich denkendes Unternehmen den Schritt nicht gehen. IBM spricht mittlerweile von „besonderen Talenten" und hat Hürden für Autisten im Bewerbungs-gespräch abgebaut.[17]

Die beschriebene Entwicklung macht deutlich, dass „anders sein" häufig Nachteile mit sich bringt. Doch statt den Kopf in den Sand zu stecken, lohnt es sich immer zu schauen, was für positive Effekte im Verborgenen liegen könnten. Dazu gehört eine aufgeschlossene Gesellschaft und vielleicht auch kreative Unternehmen, die „anders sein" zulassen. Aber vor allem benötigt es Menschen, die nicht vorschnell urteilen und in Schubladen denken, sondern allen eine Chance geben.

---

[17] https://www.ibm.com/de-de/blogs/think/2017/12/05/menschen-mit-autismus-in-der-it

5 Literaturverzeichnis

Dodd, Susan (2007): Autismus. Heidelberg: Spektrum akademischer Verlag.

Falkai, Peter / Wittchen, Hans-Ulrich (2015): Diagnostisches und Statistisches Manual Psychischer Störungen DSM-5. Göttingen: Hogrefe. S. 64-76

Proft, Julia / Schoofs, Theresa / Krämer, Katharina / Vogeley, Kai (2017): Autismus im Beruf, Coaching-Manual. Weinheim: PVU.

Schulz, Bernd (07.02.2018): Interview im AZB (Autismuszentrum Bottrop).

Vogeley, Kai (2016): Anders sein, Autismus-Spektrum-Störung im Erwachsenalter-Ein Ratgeber. 2. Aufl. Weinheim: Beltz.

http://www.auticon.de/ [Stand: 05.01.2018]

http://www.bischof-wittmann-schule.de/projekte/angebote_foerderung_autismus-Dateien/ [Stand: 20.12.2017]

https://www.ibm.com/de-de/blogs/think/2017/12/05/menschen-mit-autismus-in-der-it [Stand: 06.01.2018]

https://www.news.sap.com/germany/autismus-bei-sap/ [Stand: 03.01.2018]

6 Anhang

Interviewleitfaden für das Interview mit Bernd Schulz am 07.02.2018 im Autismus-zentrum:

- Wer sind sie und was sind ihre Aufgaben hier im Autismuszentum?
- Wie ist das Verhältnis zwischen Ihnen und den Patienten?
- Was sind die Kennzeichen von Autismus?
- Gibt es Kinder/Jugendliche bei denen die Krankheit nicht offen zu erkennen ist?
- Wie sind die Therapieaussichten?
- Ist es ihrer Meinung nach möglich einen „normalen" Berufsalltag trotz Autismus erleben zu können?
- Gibt es eine Veränderung im Krankheitsbild in der Entwicklung vom Kind zum Erwachsenen?
- Inwiefern unterstützen Sie ihre Patienten in Bezug auf Bildung (Kindergarten, Schule, etc.)?
- Sehen Sie im späteren Berufsleben durch die Beeinträchtigung entstehende Probleme mit anderen Mitarbeitern?
- Existieren mit Autismus verbundene Eigenschaften die bestimmte Aufgaben (im Alltag, Schule oder Beruf) erleichtern?
- Welche Nachteile haben Autisten in der Schule? Sind „normale" Schulabschlüsse möglich?
- Welche Nachteile haben Autisten im Beruf? Können sie theoretisch jeden Beruf erlernen?
- Gibt es bestimmte Berufe, in denen Autisten Personen ohne diese Störung überlegen sein könnten?